# LIVRE DE LA SANTÉ

# MANUEL

# D'ÉDUCATION PHYSIQUE

## ET D'HYGIÈNE

### Colonel BLANDIN

*Ancien Directeur
de l'École de Gymnastique de Joinville-le-Pont.*

### C. SEIGNET

*Inspecteur départemental
d'Éducation physique.*

### M. BRUNEAU

*Docteur ès lettres
Inspecteur d'Académie.*

## LIVRE DE L'ÉLÈVE

## PRIX : 50 Centimes

### PARIS

L. FOURNIER, Éditeur
264, boulevard Saint-Germain, 264

1911

A LA MÊME LIBRAIRIE

BLANDIN et C. SEIGNET. L'Éducation physique à l'École
dans la Famille. *Livre du Maître* . . . . . 3 fr. 50

# MANUEL
# D'ÉDUCATION PHYSIQUE
## ET D'HYGIÈNE

COLONEL BLANDIN

*Ancien Directeur
de l'École de Gymnastique de Joinville-le-Pont.*

**C. SEUGNET**
*Inspecteur départemental
d'Éducation physique.*

**M. BRUNEAU**
*Docteur ès-lettres
Inspecteur d'Académie.*


## LIVRE DE L'ÉLÈVE

**PRIX : 50 Centimes**


PARIS

L. FOURNIER, ÉDITEUR

264, boulevard Saint-Germain, 264

1911


---

**A LA MÊME LIBRAIRIE**

Colonel BLANDIN et C. SEUGNET : L'Éducation physique à l'École
et dans la Famille. *Livre du Maître* ..... 3 fr. 50

# MANUEL D'ÉDUCATION PHYSIQUE

## ET D'HYGIÈNE

---

## HYGIÈNE

---

### NÉCESSITÉ DE L'HYGIÈNE ET DES EXERCICES PHYSIQUES

La **santé** est le plus précieux de tous les biens. Conserver sa santé est, pour chaque enfant et pour chaque homme, un devoir envers lui-même et envers la société.

Enfant, petit garçon ou petite fille, te bien porter doit être ta constante préoccupation. Tes parents et les maîtres doivent t'aider et te guider dans cette tâche et te l'imposer même si tu la négliges. Ne crains pas, de ton côté, de leur rappeler leur obligation s'ils l'oublient.

La santé procure la vigueur et l'activité du corps et de l'esprit. Elle s'acquiert, se conserve et se développe par l'**hygiène et l'Exercice** qui sont aussi indispensables au corps que la nourriture et la respiration.

Ton intérêt et ton devoir veulent que tu apprennes, dès le début de ta vie, les règles principales de l'hygiène et de l'exercice.

Ce petit livre fait exprès pour toi va te les enseigner.

Apprends-les avec soin, grave-les dans ta mémoire et applique-les scrupuleusement, c'est pour toi que tu travailles.

**Questionnaire.** — 1. Pourquoi la santé est-elle le plus précieux des biens ? — 2. Pourquoi la conserver est-il un devoir individuel et social ? — 3. Que procure la santé ? — 4. Comment est-il possible de la fortifier ? — 5. Pour se bien porter qu'est-ce que l'enfant doit apprendre dès le début de sa vie ?

———

## II

## HYGIÈNE DE LA NUTRITION

L'hygiène assure le jeu normal des grandes fonctions vitales : **nutrition, respiration, circulation.** Elle a ses règles que nul ne peut violer sans danger.

La nutrition doit se régler sur les besoins du corps qu'elle alimente. Insuffisante, elle engendre l'anémie et la tuberculose ; trop abondante, elle amène d'autres maladies.

Pour manger avec mesure, enfant, tu as reçu de la nature un bon conseiller, l'appétit. Écoute-le, ne mange jamais ni trop ni trop peu. Évite, d'un côté, la gourmandise qui te ferait manger sans besoin et, de l'autre, ne te contente pas, à ton repas de midi, comme nous avons vu trop d'enfants condamnés à le faire, d'un morceau de pain avec un bâton de chocolat, un peu de fromage ou quelque rondelle de saucisson. Il te faut des aliments plus nombreux et plus nourrissants.

Excite ton appétit par le travail, le grand air et l'exercice. Fuis la paresse et l'oisiveté qui le diminuent ; fuis surtout, comme tes pires ennemis, les excitants artificiels. Prends en haine ces poisons qui se débitent sous le nom d'apéritifs. Fais-toi le serment de n'en user jamais.

Ta nourriture doit être simple, proprement préparée, sans ces condiments irritants qui n'en augmentent la saveur qu'au détriment de la qualité.

Surveille ta boisson. Tant que tu seras enfant évite
l'alcool, le vin pur, le cidre fort, la bière alcoolisée.
Devenu homme n'en use jamais qu'avec une extrême
modération. Ne consomme pour boire que de l'eau rou-
gie, du cidre ou de la bière légers.

Mange lentement en mâchant bien tes aliments pour
faciliter ta digestion. Protège contre la carie tes dents
qui sont les meilleurs défenseurs de ton estomac et,
pour les sauver de l'usure, lave-les en les brossant deux
fois par jour, le matin et le soir, le soir surtout avant
de te coucher.

Après un exercice violent laisse passer un quart
d'heure avant ton repas. Après ton repas laisse passer
deux heures avant de faire un exercice violent.

**Questionnaire.** — 1. Qu'assure l'observation de l'hygiène ? — Dans quelle mesure faut-il manger ? Comment la
nature nous l'indique-t-elle ? — 3. Quels sont les deux excès
à éviter ? — 4. Comment exciter l'appétit ? — Ce qu'il ne
faut pas faire pour l'exciter. — 5. Ce qu'il faut manger et
ce qu'il faut boire. — 6. Comment il faut manger ? Soins
à donner aux dents. — 7. Précautions à prendre avant et après
le repas en cas d'exercice violent.

---

## III

## HYGIÈNE DE LA RESPIRATION

La **Respiration** fournit au corps humain l'oxygène
nécessaire pour brûler les aliments et les transformer
en sang et en chair : elle est aux aliments ce que le
soufflet est au feu du foyer ou de la forge. Comme la
cheminée du foyer sans laquelle on serait asphyxié
elle élimine aussi de l'organisme le gaz carbonique,
résidu de cette combustion, qui est un poison.

Respirer de l'air pur est aussi indispensable que de
manger des aliments sains. L'air vicié n'est pas moins
dangereux que la viande pourrie.

Dans une pièce hermétiquement close l'asphyxie
partielle ou totale se produit par les gaz éliminés du
poumon comme par ceux du charbon d'un réchaud.

Aussi faut-il que l'air soit fréquemment renouvelé dans les classes où il est rapidement altéré par des respirations nombreuses. Il faut aussi le laisser rentrer à foison dans les chambres à coucher. Il serait même bon que l'enfant s'habituât à dormir avec une fenêtre ouverte sinon dans sa chambre du moins dans la pièce voisine. Qu'il ne craigne pas le froid dans son lit, il lui suffit d'y être bien couvert.

Mais il ne suffit pas d'avoir de l'air pur, il faut encore pouvoir et savoir s'en servir. Des poumons sains et puissants sont indispensables. Leur santé et leur puissance se maintiennent et se fortifient par les exercices respiratoires. En quoi consistent donc ces exercices si salutaires ? Simplement en deux mouvements : 1° En un mouvement d'inspiration très profonde pour remplir d'air vivifiant et pour dilater toutes les cellules pulmonaires. Il faut faire cette inspiration par le nez, la bouche fermée pour arrêter les poussières en suspension dans l'air et pour réchauffer l'air extérieur avant qu'il ne parvienne aux poumons ; — 2° En un mouvement d'expiration par le nez ou la bouche ouverte pour chasser du poumon l'air vicié.

Ces deux mouvements doivent être faits avec amplitude et lenteur trois ou quatre fois de suite. Que l'enfant fasse fréquemment ces exercices respiratoires et toujours au grand air ; en se promenant, avant d'entrer en classe, en sortant de classe et toutes les fois qu'il est essoufflé. S'il agit ainsi il pourra braver la tuberculose et se fera des poumons d'acier.

**Questionnaire.** — 1. Que fait la respiration par son double mouvement ? — 2. Pourquoi faut-il vivre constamment à l'air pur ? Que faut-il faire pour aérer les classes et les chambres à coucher ? — 3. Comment peut-on fortifier les poumons ? En quoi consistent les exercices respiratoires ? Utilité de les faire fréquemment.

## IV

# HYGIÈNE DE LA RESPIRATION *(Suite)*.

L'homme ne respire pas seulement par les poumons, il respire aussi par la peau et pour que cette deuxième respiration s'accomplisse bien il faut que la peau soit propre c'est-à-dire que ses pores ne soient pas bouchés par la saleté.

Le nettoyage de la peau se fait par des lavages aussi fréquents que possible comme celui du poumon par les exercices. Que l'enfant se lave donc au moins une fois par jour, plutôt deux fois et de préférence le soir avant de se coucher, le visage et les mains qui sont exposés à des souillures. Qu'il se lave le corps en entier toutes les semaines. L'idéal serait qu'il se lavât complètement le corps tous les jours comme le font nos vigoureux voisins les Anglais en prenant leur « tub ».

Pour éviter l'encrassement que l'enfant ne porte que des vêtements et surtout du linge propres. Leur finesse et leur élégance importe beaucoup moins que leur propreté.

Pour protéger contre les dangers du refroidissement (rhume, bronchite, fluxion de poitrine, pleurésie) les organes de la respiration, larynx, bronches, poumons, qui sont très sensibles au brusque passage de la chaleur au froid, que l'enfant évite les courants d'air, qu'il prenne soin de se découvrir avant de faire un travail capable de le mettre en sueur. Qu'il se recouvre et ne reste pas immobile une fois ce travail fait, mais qu'avant de se reposer il marche pendant quelques minutes en diminuant progressivement son allure. Car ce qu'il faut craindre ce n'est pas la transpiration souvent bienfaisante mais le refroidissement toujours redoutable.

**Questionnaire.** — 1. Respiration par la peau. Nécessité des lavages fréquents.— 2. Dangers du refroidissement. Précautions à prendre.

## V

# HYGIÈNE DE LA CIRCULATION

Comme un moteur inlassable dont les coups de piston durent toute la vie, le cœur envoie le sang nourricier rougi par l'oxygène dans toutes les parties du corps. Les veines lui ramènent le sang noirci par le gaz carbonique que les poumons expulsent au-dehors. Ce double mouvement d'aller et de retour, c'est la circulation.

Toute atteinte à la circulation menace la vie ou en diminue l'activité.

Le cœur resté très fragile pendant l'enfance. Une pression trop forte, un travail trop dur ou trop prolongé peuvent le détériorer quelquefois pour toujours. Evite, par conséquent, de le faire battre trop fort et surtout trop longtemps. Abstiens-toi de courses trop rapides et trop longues, de sauts trop répétés. Ne prolonge pas trop les jeux ou les exercices violents, mais coupe-les par des mouvements respiratoires et des repos. Evite les efforts disproportionnés à ton âge. N'essaye pas de soulever ou de porter des poids trop lourds.

Pour que le cœur ne se fatigue pas inutilement, il faut que rien ne gêne la circulation. Pour qu'elle soit libre chez l'enfant, qu'il porte non des corsets ou des ceintures serrés qui compriment les artères ou les veines, mais seulement des brassières et des bretelles. Qu'il ne s'emprisonne pas le cou et les poignets par des cols et des manches étroits, ni surtout les pieds par des chaussures trop petites. Le froid gêne la circulation et expose aux congestions, il importe de le combattre par l'exercice au grand air, et par un feu modéré pendant le temps de l'immobilité.

Le froid aux pieds est particulièrement à craindre. Que l'enfant s'en préserve avec des chaussures chaudes à la semelle solide. Qu'il ait soin de ne pas rester immobile quand il a les pieds humides. Quand il a chaud qu'il se garde d'absorber de l'eau très froide dans la crainte d'être frappé de congestion. Enfin qu'il s'abstienne du tabac comme de l'alcool, avec la même horreur, tant qu'il restera enfant et qu'il n'en use qu'avec la même modération quand il sera devenu homme, car le tabac exerce une action nuisible sur le cœur et sur la circulation du sang.

**Questionnaire.** — 1. Qu'est ce que la circulation ? — 2. Fragilité du cœur chez l'enfant. — 3. Précautions à prendre pour ne pas gêner la libre circulation du sang. — 4. Dangers de l'abus du tabac.

# RÉVISION
## Des quatre premières leçons

## VI

## UTILITÉ DES EXERCICES PHYSIQUES

Les exercices physiques sont le complément de l'hygiène, ils ont une action puissante sur toutes les grandes fonctions du corps. Par exemple, n'augmentent-ils pas l'appétit. Ils en ont une aussi sur chaque organe en particulier ; estomac, poumons, cœur, muscles, etc... Tout organe non exercé s'atrophie, tout organe exercé se développe.

L'enfant doit donc exercer tous ses organes pour qu'ils se développent tous. Il doit exercer : 1º son cerveau ; il le fait au moyen des exercices intellectuels des classes ; 2º ses grandes fonctions vitales, leurs organes et ceux de la locomotion, muscles, bras, jambes et tout son corps. Il peut le faire au moyen des sauts, des courses, des jeux, des danses et des exercices méthodiques.

Sauts, courses, jeux et danses pourraient suffire à la rigueur, à la condition d'être suffisamment actifs e fréquents sans exagération toutefois. Mais il n'en a d'ordinaire ni l'occasion, ni le temps, ni la faculté, ni même le désir pendant la vie scolaire ; aussi est-il indispensable de remédier à son insuffisance de mouvement par des exercices spéciaux calculés, de manière à développer toutes ces fonctions et tous ces organes et qu'on appelle des *exercices méthodiques d'éducation physique*.

Que le maître fasse faire chaque jour ces exercices à l'enfant pendant la classe au même titre que les exercices intellectuels. Que chaque jour aussi l'enfant les fasse seul, chez lui, soit avant de venir en classe, soit de préférence après la classe. Car il doit exercer ses muscles tous les jours de même qu'il les nourrit tous les jours. Qu'il les étudie comme il étudie ses autres leçons avec la conviction qu'il ne peut rien apprendre et rien pratiquer de plus utile à sa santé, à sa force, à sa vigueur, à la souplesse et à la beauté de son corps. Ces exercices quotidiens peuvent être exécutés n'importe où, dans un champ, dans un jardin, dans une cour, dans une chambre la fenêtre ouverte ou même, s'il fait froid, la fenêtre fermée ; l'essentiel est qu'ils soient faits.

Ce petit livre contient toute la série des exercices qu'un enfant peut faire en une année. Chaque leçon est combinée de façon à faire travailler tous les organes et tous les muscles. Grâce à lui, enfant, petit garçon ou petite fille, tu seras bien portant et sain et tu deviendras souple et fort.

**Questionnaire :** — 1. Quelle est l'action des exercices physiques sur les fonctions et les organes du corps ? — 2. Comment l'enfant peut-il exercer tous ses organes ? — 3. Pourquoi est-il nécessaire d'avoir recours à des exercices méthodiques ? — 4. Avantages de faire chaque jour ces exercices méthodiques en classe, à la maison. — 5. Importance pour l'enfant de la pratique quotidienne de ces exercices.

## VII

# LEÇONS PRÉPARATOIRES ET LEÇONS COMPLÈTES D'ÉDUCATION PHYSIQUE

Les séances d'éducation physique sont consacrées : les premières aux leçons préparatoires, les autres aux leçons complètes.

Les leçons préparatoires sont composées avec les exercices les plus simples, tels que la position fondamentale, la marche, les positions initiales des bras et des jambes, etc., dont la connaissance préalable est indispensable pour composer une leçon. Ils s'étudient en cinq séances, chacune d'elle est répétée deux jours de suite et les exercices qu'elle comprend sont recommencés jusqu'à ce qu'ils soient bien faits. Après chaque exercice, revenir à la position initiale et se mettre au repos pendant quelques secondes.

La **leçon proprement dite** ou **complète** est un ensemble d'exercices choisis de façon à faire travailler tous les organes et toutes les parties du corps. Elle doit toujours être précédée d'une **mise en train** et suivie d'une **mise au repos**.

Au nombre de douze les leçons complètes sont graduées entre elles. Chacune sera répétée tous les jours pendant deux semaines consécutives. Toute leçon comprend un ou deux exercices nouveaux qui doivent être étudiés séparément à la première séance de la première semaine.

Les leçons de 1 à 4 sont composées avec des exercices **simples**. Chaque exercice sera répété 2 fois à la cadence lente (20 à 40 temps à la minute pour les membres supérieurs, 10 à 20 pour les membres inférieurs, 5 à 10 pour le tronc).

Les leçons de 5 à 8 sont formées par des exercices **composés**. Chaque exercice sera répété 3 fois à la cadence lente.

Les leçons de 9 à 12 comprennent des exercices simples, des exercices composés et des exercices complémentaires (1) avec appui, sol, banc, mur, etc. Les exercices simples et les exercices composés seront répétés 3 fois, à la cadence modérée (40 à 60 temps à la minute pour les membres supérieurs, 20 à 30 pour les membres inférieurs, 10 à 15 pour le tronc). Les exercices avec appui ne sont pas cadencés.

L'enfant variera chaque jour la leçon en modifiant les positions initiales et en faisant alterner entre elles les positions avant, arrière, latérales, verticales dans les exercices d'**Elévation**, d'**Extension**, d'**Inclinaison**, de **Flexion**. Lorsque la série des douze leçons sera épuisée l'élève pourra s'exercer à en composer de nouvelles d'après son degré de force. Les exercices de ces nouvelles leçons ne seront pas répétés plus de 3 fois, mais pourront être exécutés à la cadence rapide (60 à 80 temps à la minute pour les membres supérieurs, 30 à 40 pour les membres inférieurs, 15 à 20 pour le tronc).

**Questionnaire :** — 1. Qu'est-ce qu'une leçon préparatoire ? — 2. Qu'est-ce qu'une leçon complète ? De quoi doit-elle être précédée et suivie ? — Qu'est-ce que la cadence lente, modérée, rapide ?

(1) Pour la définition des exercices simples, composés et complémentaires, se reporter au " Livre du Maître ", pages 109, 157, 207.

# LEÇONS PRÉPARATOIRES

## VIII

## I<sup>re</sup> LEÇON PRÉPARATOIRE

**Position fondamentale. — Marches. —
Exercices respiratoires.**

POSITION FONDAMENTALE.        REPOS.        PIEDS JOINTS.

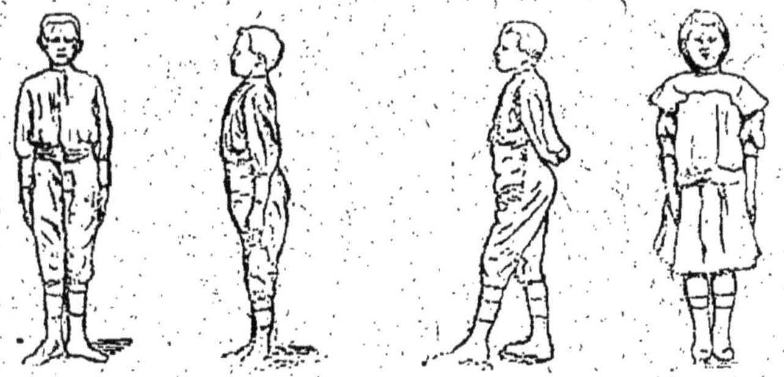

FIG. 1        FIG. 1 *bis*        FIG. 2        FIG. 3

**Position fondamentale.** — Prendre la position de
la fig. 1.

Les talons sur la même ligne et rapprochés autant
que la conformation le permet, les pieds un peu
moins ouverts que l'équerre et également tournés
en dehors, les genoux tendus ainsi que les jambes,
le corps d'aplomb sur les hanches et très légèrement penché en avant, le ventre effacé, la colonne
vertébrale tendue, la poitrine sortie, les épaules
basses et maintenues en arrière, les bras tendus
le long du corps, les mains ouvertes, la paume
très légèrement tournée en dehors, la nuque maintenue en arrière, la tête haute et droite bien dé-
gagée des épaules, tout le corps en extension complète sans raideur, la respiration ample et souple.

Garder la position quelques instants puis passer
à la position de *Repos* (fig. 2).

**Effets de cet exercice** : Développement des muscles extenseurs. Redressement de la colonne vertébrale, fixation de l'épaule, effacement du ventre.

**Fautes à éviter** : Creuser les reins, porter le ventre en avant.

**Repos.** — Relâcher toutes les contractions, avancer la jambe gauche ou droite et croiser les bras derrière le dos.

Passer plusieurs fois de la position fondamentale à la position de repos et réciproquement.

**Pieds joints.** — Passer de même de la position fondamentale à pieds joints (fig. 3).

**Marches.** — En avant. — Halte. — Demi-tour. — En avant. — Halte. — A droite. — A gauche.

## Exercices respiratoires

INSPIRATION.                              EXPIRATION.

FIG. 4                              FIG. 5

**Inspiration.** — Soulever la poitrine, lever les bras et les mains en dehors en s'efforçant d'aspirer le plus d'air possible (fig. 4).

**Expiration.** — Revenir à la position initiale en chassant fortement l'air des poumons et en baissant légèrement le haut du corps (fig. 4).

*Recommencer 3 fois.*

**Effet de ces exercices** : Développement du poumon (1).

(1) Pour plus amples renseignements sur les exercices respiratoires, voir Livre du Maître, page 103.

# IX

## IIe LEÇON PRÉPARATOIRE

---

### Positions initiales des jambes. — Flexions de la tête.

---

### Fentes :

FENTE EN AVANT.         FENTE LATÉRALE.

FIG. 6.

FIG. 7.

**Fente en avant.** — Etant au Garde à vous, prendre la position de la fig. 6.

*Porter le pied gauche ou droit en avant de deux fois sa longueur, sans fléchir le genou et dans sa direction primitive, maintenir le corps vertical et en extension, le poids du corps portant également sur les deux pieds. Répéter cet exercice plusieurs fois en alternant les deux jambes.*

**Fente latérale.** — Etant au Garde à vous, prendre la position da la fig. 7.

*Porter le pied gauche latéralement à 2 fois sa longueur à compter d'un talon à l'autre, sans fléchir le genou, et en lui conservant sa direction primitive, le corps vertical et en extension.*

**Effets de ces exercices :** Elargissement de la base de sustentation. Augmentation de l'intensité des contractions musculaires.

**Faute à éviter :** Flexion des genoux.

## Flexion de la tête :

EN AVANT.  EN ARRIÈRE.  LATÉRALE.

FIG. 8.  FIG. 9.  FIG. 10.

Etant dans la position de Garde à vous, prendre les positions des figures 8, 9 et 10.

*Fléchir la tête lentement et aussi complètement que possible, sans entraîner l'épaule, et maintenir le corps en extension et à la position initiale.*

**Effets de ces exercices :** Souplesse du cou. Redressement de la colonne vertébrale.

**Fautes à éviter :** Entraînement de l'épaule, saccades.

**Marches.** — En avant. — Halte. — Demi-tour. — En avant. — Demi-tour en marchand. — Halte.

**Exercices respiratoires.** — Comme à la première séance.

# X

## IIIᵉ LEÇON PRÉPARATOIRE

---

## Élévations des jambes (Force). — Équilibres (Souplesse).

---

### Élévations de la jambe :

EN AVANT.                  EN ARRIÈRE.                  LATÉRALE.

FIG. 11.                    FIG. 12.                    FIG. 13.

Étant au Garde à vous, prendre les positions des figures, 11, 12, 13.

*Élever la jambe tendue en faisant effort de la jambe et du pied à terre pour empêcher la chute. La tête, le tronc et les jambes bien étendus sur le prolongement l'un de l'autre et inclinés le moins possible du côté opposé à la jambe levée. — Revenir à la position initiale. — Changer de jambe.*

**Effets de ces exercices :** Développement des muscles des pieds, des élévateurs des jambes et des muscles abdominaux.

**Fautes à éviter :** flexion de la jambe à terre, déplacement isolé du tronc ou du bassin.

## Équilibres :

| AVEC ÉLÉVATION | AVEC ÉLÉVATION | AVEC ÉLÉVATION |
|---|---|---|
| DE LA JAMBE | DE LA JAMBES | LATÉRALE |
| EN AVANT. | EN ARRIÈRE. | DE LA JAMBE. |

FIG. 14     FIG. 15     FIG. 16

Etant à la position de « Station droite, Mains aux hanches », prendre les positions des figures 14, 15 et 16.

*Elever la jambe tendue en inclinant le corps du côté opposé et en fléchissant la jambe appuyée à terre, la tête sur le prolongement du tronc. Exécuter ces équilibres avec le minimum d'effort musculaire.*

**Effets :** Education du système nerveux, développement de l'adresse.

**Faute à éviter :** Contractions des muscles, raideur.

**Remarque.** — Dans les élévations de la jambe en *Force*, le déplacement du centre de gravité est contrebalancé par un effort musculaire de la jambe et du pied à terre ; tout mouvement de compensation doit être évité.

Dans les élévations de la jambe en *Equilibre*, le déplacement du centre de gravité est contrebalancé par un déplacement compensateur du corps ; l'effort musculaire doit être réduit le plus possible.

**Marches.** — En avant : Marcher en décomposant le pas, marcher sans décomposer. — Halte.

En avant, — marquer le pas. — Ralte.

**Exercices respiratoires.** — Comme précédemment.

———

## XI

## IVᵉ LEÇON PRÉPARATOIRE

---

### Positions initiales des bras. — Élévations des bras.

---

### Positions initiales des bras :

MAINS AUX HANCHES.     MAINS A LA POITRINE.     MAINS AUX ÉPAULES.     MAINS A LA NUQUE.

FIG. 17     FIG. 18     FIG. 19     FIG. 20

Étant au Garde à vous, prendre les positions indiquées par les figures 17, 18, 19 et 20.

*Placer les mains aux hanches, à la poitrine, aux épaules, à la nuque en évitant tout mouvement du reste du corps, les épaules maintenues basses et en arrière par la contraction énergique et soutenue des muscles du dos.*

*Revenir à la position initiale. Répéter trois fois chaque exercice.*

**Effets de ces exercices :** Augmentation de l'intensité des contractions musculaires dorsales et abdominales.

**Fautes à éviter** : Relâchement des muscles du dos, déplacement des épaules.

**Elévation de la jambe.** — Elévation de la jambe en avant dans la position de Station droite. Mains aux hanches.

## Elévations des bras :

HORIZONTALE.      LATÉRALE.      VERTICALE.

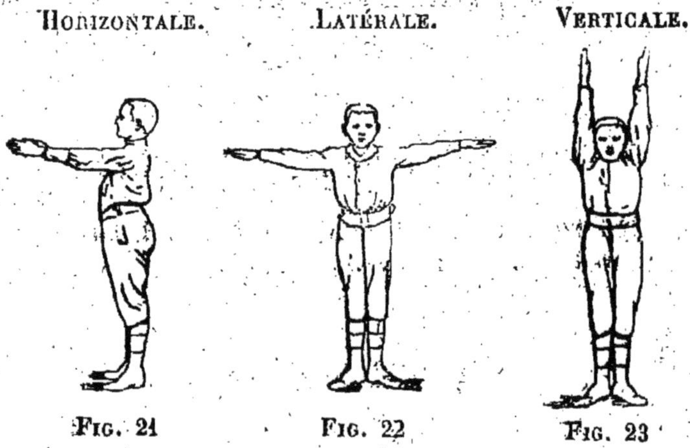

FIG. 21      FIG. 22      FIG. 23

Etant au Garde à vous, prendre les positions indiquées par les figures 21, 22 et 23.

*Elever les bras tendus en évitant tout mouvement du reste du corps, les épaules basses, les omoplates en arrière, la tête droite. Revenir à la position initiale. Répéter trois fois chaque exercice.*

**Effets de ces exercices :** Développement des muscles des bras et des épaules, développement du thorax.

**Fautes à éviter** : Lancés, saccades. Relâchement des muscles du tronc et des jambes, courbure des reins.

**Marches.** — En avant *(marcher en élevant le genou et sans élévation du genou).* — Demi-tour. — Changer le pas. — Demi-tour — Halte.

**Exercices respiratoires.** — Avec élévation latérale des bras.

————————

# XII

## Vᵉ LEÇON PRÉPARATOIRE

---

### Inclinaison du tronc (force). — Flexions du corps (souplesse).

---

**Station droite,** *Mains aux hanches.*
  Elévation de la jambe tendue en arrière (voir fig. 12).
**Fente en avant :**
  Elévation verticale des bras (voir fig. 23).

## Inclinaisons du Tronc (Force).

<table>
<tr><td>EN AVANT.</td><td>EN ARRIÈRE.</td><td>LATÉRALE.</td></tr>
</table>

<table>
<tr><td>FIG. 24</td><td>FIG. 25</td><td>FIG. 26</td></tr>
</table>

Etant à la position initiale ; mains aux hanches, mains aux épaules ou mains à la nuque, prendre les positions des figures 24, 25, 26.

*Incliner le tronc lentement et le plus possible, les jambes et le bassin maintenus immobiles, la tête sur le prolongement du tronc, les épaules maintenues en arrière, le cou bien tendu.*

**Effets de ces exercices :** Développement des muscles lombaires, abdominaux et dorsaux.

**Fautes à éviter :** Déplacement du bassin et de la tête, flexion des jambes.

# Flexions du corps (Souplesse).

EN AVANT.      EN ARRIÈRE.      LATÉRALE.

FIG. 27      FIG. 28      FIG. 29

Étant à la position de mains aux hanches, prendre les positions des figures 27, 28 et 29.

*Fléchir la colonne vertébrale aussi complètement que possible, les jambes tendues, en renvoyant le bassin du côté opposé à la flexion.*

**Effets :** Développement de la souplesse de la colonne vertébrale.

**Fautes à éviter :** Flexion incomplète — Contractions musculaires — Flexion des jambes.

REMARQUE. — L'inclinaison du tronc est un exercice de développement de la force qui s'obtient en maintenant énergiquement la contraction des muscles. La flexion du corps est un exercice de souplesse qui s'exécute avec le minimum d'effort musculaire.

**Sautillements.** — Étant à la station droite, mains aux hanches fléchir les jambes, projeter le corps verticalement, retomber sur la pointe des pieds et recommencer en fléchissant le moins possible, le haut du corps vertical et en extension. Sauter 10 fois de suite.

**Exercices respiratoires.** — Avec élévation verticale des bras.

# LEÇONS COMPLÈTES
## EXERCICES SIMPLES

---

### XIII

### Iʳᵉ LEÇON COMPLÈTE

---

#### Extension des jambes.

---

MISE EN TRAIN. — Exercices respiratoires. — Marcher en levant les genoux. — Halte. — A droite. — A gauche.

---

### LEÇON

Chaque exercice sera répété 2 fois, cadence lente.

### Exercice des organes locomoteurs :

### Jambes (Extensions).

ELÉVATION SUR LA POINTE DES PIEDS.   ELÉVATION DE LA CUISSE.   EXTENSION DE LA JAMBE EN AVANT.

FIG. 30          FIG. 31          FIG. 32

Elévation sur la pointe des pieds.

*S'élever sur la pointe des pieds, le plus haut possible sans déranger la position du corps (fig. 30).*

Extension de la jambe en avant.

*1. — Élever la cuisse à la position horizontale, jambe fléchie, pointe du pied baissée (fig. 31).*

*2. — Étendre la jambe dans le prolongement de la cuisse sans abaisser le genou, le pied allongé sur le prolongement de la jambe, le corps vertical (fig. 32).*

**Effets de ces exercices :** Développement des muscles extenseurs des pieds et des jambes et des muscles abdominaux antérieurs.

**Fautes à éviter :** Les mêmes que pour les élévations.

**Bras.** — Position fondamentale. — Elévation latérale et verticale des bras.

**Tronc.** — Station droite, mains aux hanches. — Inclinaison du tronc en avant et en arrière.

**Tête.** — Station droite, mains aux hanches. — Flexion de la tête à droite et à gauche.

**Equilibre.** — Station droite, mains aux hanches. — Elévation latérale de la jambe tendue.

---

## Exercices des organes vitaux (1).

Sation droite, mains aux hanches. — 15 sautillements successifs (2 fois).

---

MISE AU REPOS. — Exercices respiratoires. — Marches lentes. — Exercices respiratoires.

(1) Pour les exercices des organes vitaux, on a prescrit des sautillements ou sauts dans toutes les leçons, parce que ces exercices peuvent s'exécuter partout, mais l'enfant pourra les faire alterner avec des marches, courses ou danses équivalentes, quand son terrain d'exercice le permettra. (Tableau n° 28 du Livre du Maître).

# XIV

## IIᵉ LEÇON COMPLÈTE

### Flexions des jambes.

MISE EN TRAIN. — Exercices respiratoires. — Marcher en décomposant le pas. — Halte. — En avant. — Marquer le pas. — En avant. — Changer le pas. — Halte.

## LEÇON

**Chaque exercice sera répété 2 fois. Cadence lente.**

### Exercices des organes locomoteurs.

### Jambes. — Flexion de la jambe.

JAMBE AVANT.    JAMBE ARRIÈRE.    JAMBE LATÉRALE.

FIG. 33.          FIG. 34          FIG 35

*Étant au Garde à vous, fléchir la jambe indiquée en maintenant l'autre tendue et le corps vertical.*

**Effet :** Développement des extenseurs des pieds et des jambes, redressement de la colonne vertébrale.

**Faute à éviter :** Déplacement du corps, Flexion de l'autre jambe.

## Flexion des deux jambes.

A LA STATION DROITE.  A LA FENTE LATÉRALE.
1<sup>er</sup> M<sup>t</sup> 2<sup>e</sup> M<sup>t</sup>  1<sup>er</sup> M<sup>t</sup>  2<sup>e</sup> M<sup>t</sup>

FIG. 36  FIG. 37  FIG. 38  FIG. 39

Étant à la position de mains aux hanches.

1. — *S'élever sur la pointe des pieds* (fig. 36).
2. — *Fléchir les jambes, talons joints, corps vertical* (fig. 37).

*Cet exercice s'exécute de même en fente latérale* (fig. 38 et 39).

**Effets** : Les mêmes que pour la flexion d'une jambe.

**Fautes à éviter** : Écartement des talons. Inclinaison du corps en avant.

**Bras.** — Fente en avant. — Elévation horizontale et verticale des bras.

**Tronc.** — Fente latérale, mains aux hanches. — Inclinaison du tronc à gauche et à droite.

**Tête.** — Position fondamentale. — Flexion de la tête en avant et en arrière.

**Souplesse.** — Mains aux hanches. — Flexion de la colonne vertébrale en avant et en arrière.

---

## Exercices des organes vitaux :

15 sautillements avec ouverture des jambes (2 fois).

---

MISE AU REPOS. — Exercices respiratoires. — Marches lentes. — Exercices respiratoires.

## XV

## IIIᵉ LEÇON COMPLÈTE

**Extensions des bras. — Rotation de la tête.**

MISE EN TRAIN. — Exercices respiratoires. — En avant. — Demi-tour en marchant. — A droite et à gauche en marchant. — Halte.

### *LEÇON*

*Chaque exercice sera répété 2 fois. Cadence lente.*

### Exercices des organes locomoteurs :

**Jambes.** — Station droite, mains aux hanches. — Elévation de la jambe tendue.

**Jambes.** — Station droite, mains aux hanches. — Demi-flexion sur les extrémités inférieures.

**Bras.** — Position fondamentale. — Elévation horizontale des bras.

### Extensions des bras

LATÉRALE.
PAUMES DES MAINS
EN DESSOUS.

LATÉRALE.
PAUMES DES MAINS
EN DESSUS.

FIG. 40.                         FIG. 41.

Etant à la position de mains à la poitrine.

*Etendre les avant-bras latéralement en maintenant les coudes en arrière et à la hauteur des épaules, les omoplates fixées, le corps immobile (fig. 40).*

Etant à la position de mains aux épaules.

*Etendre les bras à la position latérale. Paume des mains en dessus (fig. 41).*

*Etendre les bras verticalement. Paume des mains en dedans (fig. 42).*

*Etendre les bras en arrière. Panme des mains tournée en dehors (fig. 43).*

VERTICALE.

EN ARRIÈRE.

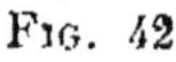

FIG. 42

FIG. 43

**Effets :** Développement des muscles extenseurs des bras. Fixation de l'épaule en arrière. Redressement de la colonne vertébrale.

**Fautes à éviter :** Les mêmes que pour les élévations.

**Tronc.** — Station droite, mains à la nuque. — Demi-inclinaison latérale du tronc.

**Tête.** — Station droite, mains aux hanches. — Rotation à gauche et à droite.

*Tourner la tête à gauche et à droite sans l'élever ni l'abaisser, sans entraîner l'épaule ; le corps tendu et immobile (fig. 44).*

**Equilibre.** — Elévation de la jambe tendue en avant.

FIG. 44

## Exercices des organes vitaux :

15 sautillements étant en fente latérale (2 fois).

MISE AU REPOS. — Exercices respiratoires. — Marches lentes. — Exercices respiratoires.

## XVI

## IVᵉ LEÇON COMPLÈTE

---

### Rotation du tronc (force). — Torsion du tronc (souplesse).

---

MISE EN TRAIN. — Exercices respiratoires. — En avant. — Changer le pas. — Halte. — En avant. — A droite. — A gauche.

---

### LEÇON

*Chaque exercice sera répété 2 fois. Cadence lente.*

### Exercices des organes locomoteurs :

**Jambes.** — Station droite, mains aux épaules. — Elévation de la jambe en avant.

**Jambes.** — Station droite, mains à la nuque. — Elévation sur la pointe des pieds.

**Jambes.** — Fente latérale. — Flexion de la jambe gauche (droite).

**Bras.** — Station fondamentale. — Elévation latérale des bras.

**Bras.** — Station droite, mains aux épaules. — Extension des bras en arrière.

**Tronc.** — Rotation du tronc (Force).

Etant à la station droite, mains aux hanches, *tourner lentement et le plus possible le tronc à gauche et à droite en immobilisant complètement les jambes et le bassin, la tête maintenue dans l'attitude initiale le tronc en extension (fig. 45).*

Torsion du tronc (souplesse).

*Tordre lentement et complètement le corps en faisant jouer toutes les articulations des hanches de la colonne vertébrale et du cou. Avoir soin de relâcher les muscles (fig. 46).*

Fig. 45.          Fig. 46.

Cet exercice se fait de préférence dans la position initiale : Fente latérale.

Remarque. — La *rotation* du tronc est un exercice de conformation et de force. — Le mouvement est localisé dans les vertèbres lombaires, les jambes et le bassin sont immobilisés, la colonne vertébrale est tendue. — La *torsion* du corps est, au contraire, un exercice de souplesse, tous les muscles sont relâchés.

------

## Exercices des organes vitaux.

10 sautillements en fente en avant (2 fois).

------

MISE AU REPOS. — Exercices respiratoires. — Marches lentes. — Exercices respiratoires.

# LEÇONS COMPLÈTES
## EXERCICES COMPOSÉS

---

## XVII
### Vᵉ LEÇON COMPLÈTE

---

Exercices composés des jambes et des bras.

---

MISE EN TRAIN. — Exercices respiratoires. — En avant. — Marcher en décomposant le pas. — Halte. — En avant. — Demi-tour. — Halte.

---

### LEÇON

*Chaque exercice sera répété 3 fois. Cadence lente.*

**Exercices des organes locomoteurs :**

**Jambes et bras.** — Élévation des jambes avec élévation ou extension des bras (fig. 47, 48 et 49).

FIG. 47

FIG. 48

1. — *Elever la jambe à la position indiquée.*
2. — *Elever ou étendre les bras.*

**Jambes et bras.** — Elévation sur la pointe des pieds avec élévation ou extension des bras en arrière (fig. 50).

FIG. 49          FIG. 50

*1. — S'élever sur la pointe des pieds.*
*2. — Elever ou étendre les bras en arrière.*

FIG. 51          FIG. 52

FIG. 53          FIG. 54

**Jambes et bras.** — Flexion des jambes avec élévation ou extension des bras (fig. 51, 52, 53, 54).

1. — *Exécuter le mouvement des jambes.*
2. — *Elever ou étendre les bras.*

**Tronc.** — Fente latérale, mains aux hanches. — Rotation du tronc.

**Equilibre.** — Station droite, mains aux hanches. — Elévation de la jambe en arrière.

---

## Exercices des organes vitaux.

Préparation au saut, impulsion, chute (1).

---

MISE AU REPOS. — Exercices respiratoires. — Marches lentes. — Exercices respiratoires.

---

(1) Voir les explications relatives aux sauts dans le Livre du Maître, page 254.

## XVIII

# VI° LEÇON COMPLÈTE

## Exercices composés du tronc et des bras.

MISE EN TRAIN. — Exercices respiratoires. — En avant. — Marcher avec élévation des genoux. — Halte. — En avant. — Changer le pas. — Halte.

## *LEÇON*

*Chaque exercice sera répété 3 fois. Cadence lente.*

### Exercices des organes locomoteurs.

**Jambes et bras.** — Station droite, mains aux épaules. — Elévation de la jambe en avant avec extension verticale des bras.

**Jambes et bras.** — Station droite, mains à la poitrine. — Flexion des extrémités inférieures avec extension latérale des avant-bras.

**Tronc et bras.** — Inclinaisons du tronc avec élévations ou extensions des bras (fig 55, 56, 57).

FIG. 55          FIG. 56          FIG. 57

*1. — Incliner le tronc.*

*2. — Elever ou étendre les bras.*

**Tronc et bras.** — Rotation du tronc avec élévations ou extensions des bras (fig. 58, 59, 60, 61).

*1. — Tourner le tronc.*

*2. — Elever ou étendre les bras.*

Fig. 58

Fig. 59

Fig. 60

Fig. 61

**Equilibre.** — Station droite, mains aux hanches. — Elévation latérale de la jambe.

---

## Exercices des organes vitaux :

15 sautillements avec croisement de jambes (2 fois).

---

MISE AU REPOS. — Exercices respiratoires. — Marches lentes. — Exercices respiratoires.

---

## XIX

## VIIᵉ LEÇON COMPLÈTE

Exercices composés des jambes et du tronc.

---

MISE EN TRAIN. Exercices respiratoires. — En avant. — Demi-tour. — A droite. — A gauche. — Halte.

---

## LEÇON

*Chaque exercice sera répété 3 fois. Cadence lente.*

### Exercices des organes locomoteurs :

**Jambes et bras.** — Station droite, mains aux épaules. — Elévation de la jambe avec extension des bras.

**Fente latérale.** — Elévation sur la pointe des pieds avec élévation verticale des bras.

| FENTE EN AVANT. INCLINAISON EN AVANT. | FENTE EN AVANT. INCLINAISON EN ARRIÈRE | FENTE LATÉRALE. INCLINAISON LATÉRALE. |
|---|---|---|

Fig. 62          Fig. 63          Fig. 64

1. — *Fléchir la jambe en maintenant l'autre tendue, le tronc vertical et en extension.*

2. — *Incliner lentement le tronc sur le prolongement de la jambe tendue.*

**Jambes et tronc.** — Flexion de la jambe avec inclinaison du tronc.

**Tronc et bras.** — Fente latérale, mains à la poitrine. — Rotation du tronc avec extension latérale des avant-bras.

**Equilibre.** — Station fondamentale. — Elévation de la jambe en arrière avec élévation verticale des bras.

------

### Exercices des organes vitaux :

3 sauts avec flexion des jambes (2 fois.)

------

**MISE AU REPOS.** — Exercices respiratoires. — Marches lentes. — Exercices respiratoires.

## XX

# VIII<sup>e</sup> LEÇON COMPLÈTE

### Exercices composés des jambes, du tronc et des bras.

MISE EN TRAIN. — Exercices respiratoires. — En avant. — Marcher en décomposant. — Halte. — Marquer le pas. Changer le pas. — Halte.

## LEÇON

*Chaque exercice sera répété 3 fois. Cadence lente.*

### Exercices des organes locomoteurs :

**Jambes et bras.** — Station fondamentale. — Élévation de la jambe en avant avec élévation verticale des bras.

**Jambes et bras.** — Fente en avant, mains aux épaules. — Élévation sur la pointe des pieds avec extension des bras en arrière.

FIG. 65　　　　FIG. 66

**Tronc et bras.** — Fente latérale, mains aux épaules. — Rotation du tronc avec extension verticale des bras.

**Jambes et bras.** — Station droite, mains à la poitrine.
— Flexion des extrémités inférieures avec extension latérale des avant-bras.

**Jambes, tronc et bras.** — Flexion de la jambe avec
inclinaison du tronc et élévation ou extension des
bras.

Fig. 67

Étant en Fente en avant ou en
Fente latérale, prendre les positions des fig. 65, 66 et 67.

1. — *Fléchir la jambe dans la
position indiquée.*

2. — *Incliner le tronc dans le
prolongement de la jambe tendue.*

3. — *Élever ou étendre les bras.*

**Souplesse.** — Station droite,
mains aux épaules. — Flé-
chir le tronc latéralement
avec extension des bras.

---

## Exercices des organes vitaux :

10 sautillements avec battement des jambes (2 fois).

---

MISE AU REPOS. — Exercices respiratoires. —
Marches lentes. — Exercices respiratoires.

## XXI

# LEÇONS COMPLÈTES
## EXERCICES COMPLÉMENTAIRES

---

### IX<sup>e</sup> LEÇON COMPLÈTE

---

Exercices complémentaires (1). — Appui des mains.

---

MISE EN TRAIN. — Exercices respiratoires. — Marcher avec élévation des genoux. — Halte. — En avant. —

---

### LEÇON

Chaque exercice sera répété 3 fois. Cadence modérée. Les exercices avec appui ne sont pas cadencés.

### Exercices des organes locomoteurs :

**Jambes et bras.** — Station droite, mains aux épaules. — Élévation de la jambe en avant et en arrière.

**Jambes et bras.** — Station droite, mains à la poitrine. Élévation sur la pointe des pieds et extension latérale des avant-bras.

**Jambes et bras.** — Station droite, mains aux épaules. — Flexion des extrémités inférieures et extension des bras en arrière.

**Jambes, tronc, bras.** — Fente latérale, mains aux épaules. — Flexion de la jambe, demi-inclinaison du tronc et extension verticale des bras.

(1) Voir les explications relatives aux exercices Complémentaires dans le livre du Maître, page 207.

## Appui des mains sur un plan vertical (mur).

Fig. 68

Fig. 69

Fig. 70

Fig. 71

Appui facial tendu (fig. 68). 1. — *Placer les bras horizontalement, la paume des mains appuyée au mur ; — 2. Reculer les pieds progressivement ; les jambes, la tête et le tronc en extension et sur la même ligne.*

Appui facial fléchi (fig. 69). — *Fléchir les bras en maintenant le corps en extension.*

Appui latéral (fig. 70). — *Etant à l'appui facial, faire face à droite ou à gauche.*

Appui dorsal (fig. 71). — *Etant à la station fondamentale, dos au mur, élever les bras verticalement et avancer les pieds progressivement ; tout le corps en extension et soutenu par les pieds et les mains paumes en dedans.*

## Appui sur un plan horizontal (sol).

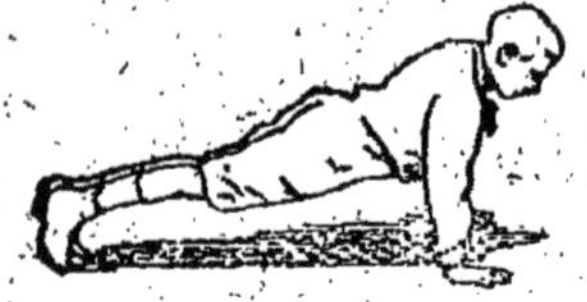

Fig. 72        Fig. 73

Fig. 74

Étant à la station fondamentale.

1. — *S'accroupir et poser les mains sur le sol* (fig. 72).

2. — *Étendre le corps et les jambes en arrière, jambes, tronc, tête, en extension et sur la même ligne* (fig. 73).

3. — *Fléchir les bras* (fig. 74).

**Souplesse.** — Station droite, mains aux hanches. — Torsion du corps.

---

## Exercices des organes vitaux :

Fente latérale : 15 sautillements (2 fois).

---

MISE AU REPOS. — Exercices respiratoires. — Marches lentes. — Exercices respiratoires.

---

## XXII

## Xᵉ LEÇON COMPLÈTE

---

### Exercices complémentaires. — Appui facial des cuisses sur un banc.

---

MISE EN TRAIN. — Exercices respiratoires. — Marcher avec élévation des genoux. — Demi-tour. — Halte. — En avant. — A droite. — A gauche. — Halte.

---

### LEÇON

*Chaque exercice sera répété 3 fois. Cadence modérée. Les exercices avec appui ne sont pas cadencés.*

**Exercices des organes locomoteurs :**

**Jambes et bras.** — Station droite, mains aux hanches. Elévation latérale de la jambe tendue.

**Jambes et bras.** — Fente latérale. — Elévation sur la pointe des pieds avec élévation horizontale des bras.

**Jambes et bras.** — Fente latérale, mains aux épaules. — Flexions des extrémités inférieures avec extension verticale des bras.

**Jambes, tronc et bras.** — Fente en avant, mains à la poitrine. — Flexion de la jambe avant, demi-inclinaison du tronc en avant et extension latérale des avant-bras.

#### Appui facial des cuisses.

*1. — S'étendre en travers d'un banc, les cuisses appuyées sur le banc, les mains sur le sol, les bras étendus et à l'écartement des épaules, le corps en extension, la tête dans le prolongement du tronc, les talons réunis et maintenus par un aide ou placés sous un meuble (fig. 75).*

2. — *Placer les bras tendus le long du corps* (fig. 76) *ou aux hanches, aux épaules, à la poitrine, à la nuque et redresser le tronc le plus possible.*

3. — *Redresser le tronc le plus possible et élever ou étendre les bras sur le prolongement du tronc* (fig. 77).

FIG. 75　　　　　　FIG. 76

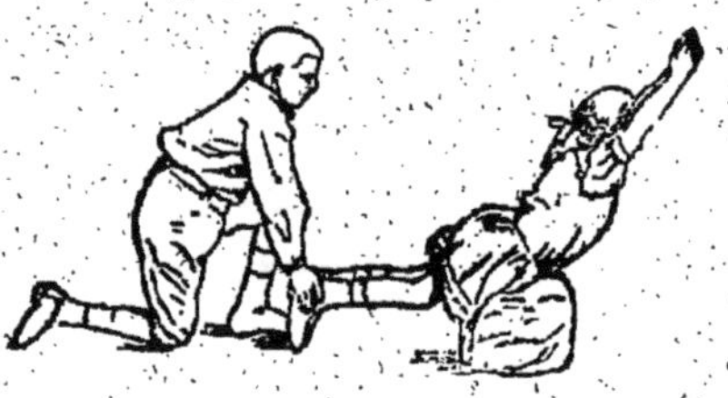

FIG. 77

**Effets de ces exercices :** Développement des muscles du dos, des épaules et des bras. Redressement de la colonne vertébrale.

**Fautes à éviter :** Flexion des jambes. Déplacement de la tête.

**Souplesse.** — Flexion latérale du corps avec les bras sur le prolongement du tronc.

———

## Exercices des organes vitaux :

Fente en avant. — 20 sautillements avec changements de pieds (2 fois).

———

MISE AU REPOS. — Exercices respiratoires. — Marches lentes. — Exercices respiratoires.

———

## XXIII

## XIᵉ LEÇON COMPLÈTE

---

**Exercices complémentaires. — Assis (sur un banc).**

---

MISE EN TRAIN. — Exercices respiratoires. — En avant. — Elévation des genoux en marchant. — Halte. — Demi-tour. — En avant. — Demi-tour. — Halte.

---

### *LEÇON*

*Chaque exercice sera répété 3 fois. Cadence modérée. Les exercices avec appui ne sont pas cadencés.*

**Exercices des organes locomoteurs :**

**Jambes et bras.** — Station droite, mains aux épaules. — Elévation de la jambe en arrière et extension des bras en arrière.

**Jambes et bras.** — Fente en avant. — Elévation sur la pointe des pieds et élévation horizontale des bras.

**Jambes et bras.** — Station droite, mains aux épaules. — Flexion des extrémités inférieures et extension verticale des bras.

**Tronc et bras.** — Fente latérale, mains à la poitrine, — Rotation du tronc et extension latérale des avant-bras.

**Exercices complémentaires.** — Appui facial des mains sur le sol. — Passer à l'appui fléchi.

**Exercices complémentaires.** — Assis.

*Etant assis les pieds maintenus par un aide ou engagés sous un meuble (fig. 78), incliner lentement le tronc en*

FIG. 78

*arrière, les jambes, le tronc et la tête en extension et sur la même ligne (fig. 79). — Arriver par une lente progression à mettre le corps horizontal. Augmenter progressivement l'intensité en plaçant les mains aux hanches, aux épaules, à la nuque ou les bras allongés sur le prolongement du tronc (fig. 80).*

**Effets de ces exercices** : Développement des muscles antéro-abdominaux et des muscles des jambes.

FIG. 79

**Fautes à éviter** : Flexion des jambes, déplacement de la tête.

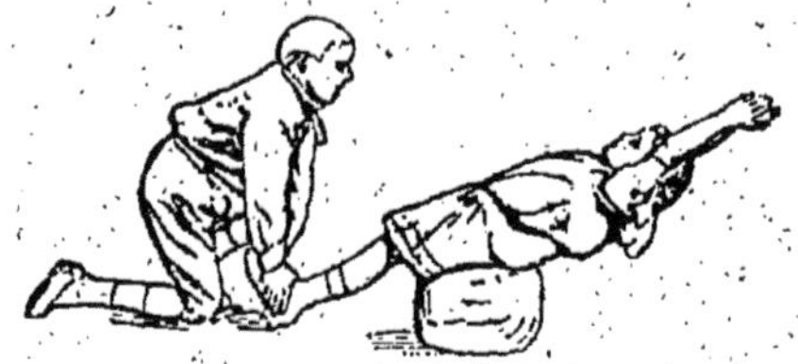

FIG. 80

**Equilibre.** — Station droite, mains aux hanches. — Elévation latérale de la jambe.

---

## Exercices des organes vitaux

Fente latérale. — 15 sautillements avec battements des jambes (2 fois).

---

MISE AU REPOS. — Exercices respiratoires, — Marches lentes. — Exercices respiratoires.

## XXIV

## XIIᵉ LEÇON COMPLÈTE

### Exercices complémentaires. — Couché.

MISE EN TRAIN. — Exercices respiratoires. — En avant. — A droite. — A gauche. — Demi-tour en marchant. — Marquer le pas — Halte.

### LEÇON

*Chaque exercice sera répété 3 fois. Cadence modérée. Les exercices complémentaires ne sont pas cadencés.*

### Exercices des organes locomoteurs :

**Jambes et bras.** — Station droite, mains aux épaules. Elévation latérale de la jambe.

**Jambes et bras.** — Fente en avant, mains aux épaules. — Elévation sur la pointe des pieds et extension verticale des bras.

**Jambes et bras.** — Fente latérale, mains à la poitrine. Flexion des extrémités inférieures et extension latérale des avant-bras.

**Jambes, tronc et bras.** — Fente en avant, mains aux épaules. — Flexion de la jambe avant, demi-inclinaison du tronc en avant et extension des bras en arrière.

**Exercices complémentaires.** — Appui facial des cuisses sur le banc. — Redressement du tronc avec extension verticale des bras.

### Couché

(sur un banc ou sur le sol)

1º ELÉVATION DE LA JAMBE.

*Etant couché sur le dos, tout le corps bien tendu, les bras le long du corps ou sur le prolongement du tronc.*

*élever la jambe tendue aussi complètement que possible en maintenant le reste du corps immobile et en extension (fig. 81). — Cet exercice se fait, plus tard, en élevant les deux jambes simultanément (fig. 82).*

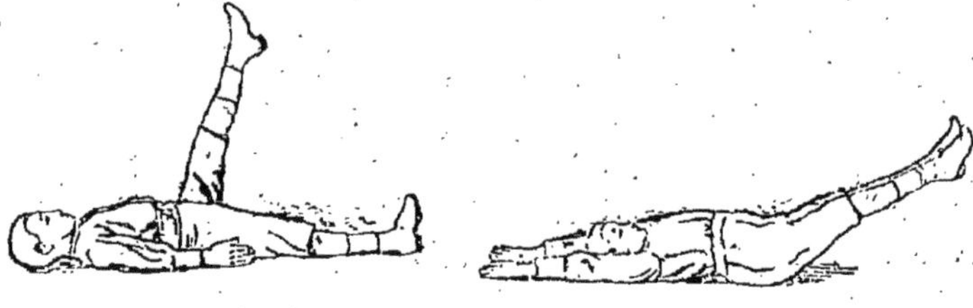

Fig. 81          Fig. 82

**Effet** : Développement des muscles abdominaux.

**Faute à éviter** : Déplacement de la jambe stationnaire.

### 2° Redressement du tronc.

Fig. 83

*Etant couché sur le dos, les pieds maintenus par un aide ou engagés sous un meuble, les mains aux hanches ou aux épaules ou les bras dans le prolongement du corps,*

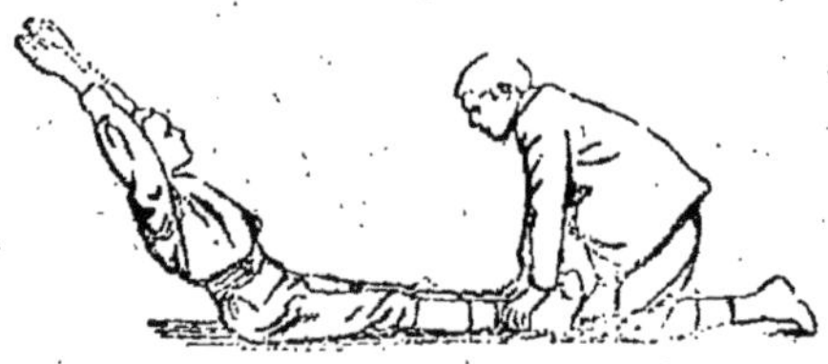

Fig. 84

*redresser le tronc le plus possible sans déranger la position des épaules et de la tête. Maintenir le corps en extension (fig. 83 et 84).*

**Effet :** Développement des muscles abdominaux.

**Fautes à éviter :** Courbure du dos, saccades.

**Souplesse.** — Fente latérale, mains à la poitrine. — Torsion du corps avec extension latérale des avant-bras.

---

## Exercices des organes vitaux :

2 sauts successifs avec flexion des jambes (2 fois).

---

MISE AU REPOS. — Exercices respiratoires. — Marches lentes. — Exercices respiratoires.



---

# TABLE DES MATIÈRES

## Hygiène.



## Leçons préparatoires.



## Leçons complètes.

Paris. — Imp. L. FOURNIER